Helmut Zöpfl

Die neuen Abenteuer des kleinen Prinzen

Für Karl Freller

in herzlicher Verbundenheit

HELMUT ZÖPFL

Die neuen Abenteuer des kleinen Prinzen

benno

Alle Illustrationen stammen aus „Der kleine Prinz“
von Antoine de Saint-Exupéry.
Das Gedicht auf S. 95 stammt aus: Helmut Zöpfl, „Schenke jedem Tag ein Lächeln“,
St. Benno Verlag, Leipzig

Bibliografische Information der Deutschen Nationalbibliothek
Die Deutsche Nationalbibliothek verzeichnet diese Publikation in der Deutschen Nationalbibliografie; detaillierte bibliografische Daten sind im Internet über http://dnb.d-nb.de abrufbar.

ISBN 978-3-7462-6544-5

6. Auflage 2025

Umschlaggestaltung: Karen Münch-Thornton, München
Covermotiv: © stock.adobe.com/haKule, Antoine de Saint-Exupéry
Gesamtherstellung: Kontext, Dresden (F)

Inhaltsverzeichnis

Der kleine Prinz kehrt zurück – Wie alles begann

„Was machst du denn da?“ Ich hatte mich an einem schönen Frühlingstag in den Garten gesetzt und wollte gerade nachschauen, ob mich neue WhatsApp-Nachrichten erreicht hätten. „Was machst du denn da?“, hörte ich zum zweiten Mal. Kam die Stimme aus meinem Smartphone? Da spürte ich, wie mir jemand leicht auf die Schulter tippte. Ich drehte mich um und sah ein kleines Kerlchen mit blonden Haaren. „Was machst du denn da?“, fragte er zum dritten Mal und deutete auf mein Smartphone.

„Das siehst du doch“, sagte ich leicht mürrisch. „Ich kommuniziere.“

„Mit dem kleinen Ding da in deiner Hand?“, fragte er leicht erstaunt.

„Mit diesem Gerät kann ich mit der ganzen Welt kommunizieren, wenn ich will“, entgegnete ich.

„Auch mit meiner Rose?“, wollte er wissen. „Könntest du sie einmal kurz fragen, wie es ihr geht? Ich habe sie nämlich mit dem Schaf zusammen auf meinem Planeten zurückgelassen und vergessen, einen Zaun herum zu bauen. Und so weiß ich nicht, ob sie nicht von dem Schaf belästigt worden ist. Darum mach ich mir Sorgen.“
„Mit einer Rose kommunizieren?“, lachte ich. „Mit Pflanzen kann man nicht reden, auch nicht mit einem Smartphone.“
„Aber du hast doch gerade gesagt, dass man mit der ganzen Welt kommunizieren kann mit diesem Gerät. Ich habe manchmal ein ganz schlechtes Gewissen, dass ich so wenig mit den beiden reden kann, weil ich so viel unterwegs bin.“
„Siehst du, du bräuchtest dringend ein Smartphone. Mit dem kannst du alle, die du willst, erreichen und mit ihnen reden. Und du bist auch überall erreichbar. Du kannst in die entferntesten Gegenden sprechen und sogar ein Bild dazu schicken. Und sie dir das ihre.

Schau her“, sagte ich, „ich ruf meinen Freund an, der in Australien wohnt.“ Ich drückte auf dem Handy herum und schon hörte ich Ludwigs Stimme: „Hallo Helmut, wie geht’s dir?“ Gleichzeitig erschien ein Bild auf dem kleinen Bildschirm. „Schau her, ich bin gerade beim Essen. Heute gibt es eine Pizza mit verschiedenen Käsesorten.“

„Und ich,“ sagte ich, „unterhalte mich gerade mit einem netten jungen Mann. Schau her.“ Ich machte mit meinem neuen Bekannten ein Bild und ließ es Ludwig zukommen. „Ui“, sagte ich, als ich mir das Foto näher angesehen hatte, „der schaut ja genauso aus wie der kleine Prinz.“ Ich schaute mir meinen Gesprächspartner genauer an. Tatsächlich. Wie oft hatte ich das Buch vom kleinen Prinzen gelesen! Und dem sah er verblüffend ähnlich.

„Sag einmal“, fragte ich ihn etwas ungläubig. „Du bist doch nicht wirklich der kleine Prinz?“

Mein Gegenüber lachte. „Sag mir, woher kennst du mich denn?“

„Viele kennen dich und haben das schöne Buch von dir

und deinen Reisen zu den verschiedenen Planeten gelesen. Es gibt dich also tatsächlich?"

„Natürlich", sagte der kleine Prinz. „Sonst könntest du ja mit mir nicht sprechen und mich nicht hören. Kennst du das wunderschöne Gedicht ‚Schläft ein Lied in allen Dingen, die da träumen fort und fort. Und die Welt hebt an zu singen, triffst du nur das Zauberwort'? Es ist nur wichtig, dass wir nicht nur mit den Augen hinschauen, sondern auf unser Herz hören. Das ist der beste Dolmetscher, um Bilder und Dinge redend zu machen."

„Ich weiß, ich weiß, du hast es ja immer wieder gesagt. ‚Man sieht nur mit dem Herzen gut, das Wesentliche ist für die Augen unsichtbar.' Leider halten sich immer noch wenige daran. Immer mehr sehen und glauben nur das, was man zählen und wiegen kann. Sie glauben, dass nur wahr und richtig ist, was man in Zahlen ausdrücken kann. Aber das weißt du ja."

Der kleine Prinz lachte: „Ja, ja, ich habe es auf meinen Reisen immer erlebt. Du weißt ja zum Beispiel bei dem Geschäftsmann. Noch immer wollen die meisten nur

etwas haben und besitzen. Und um das tun zu können, müssen sie alles vorher in Zahlen und Formeln verwandeln. Wenn du Zeit hast, dann erzähle ich dir ein paar meiner Erlebnisse, die ich in der letzten Zeit hatte."
„Gerne", sagte ich und der kleine Prinz begann, einige seiner neuesten Erlebnisse zu erzählen.

Der kleine Prinz beim Pädagogen

„Guten Tag“, sagte der kleine Prinz.

„Sprich einen ganzen Satz“, wies ihn der Pädagoge zurecht. „Es heißt: ‚Ich wünsche dir einen guten Tag‘. Sprich es langsam nach!“

„Ich wünsche dir einen guten Tag“, sagte der kleine Prinz artig.

„So ist es recht“, sagte der Pädagoge und zog ein Büchlein aus der Tasche.

„Was hast du da?“, fragte der kleine Prinz.

„Ich trage dir eine gute Note für gutes Betragen ein“, antwortete der Pädagoge. „Willst du in meine Schule gehen?“

„Was muss ich denn da tun?“, fragte der kleine Prinz.

„Du musst zunächst einen Eignungstest machen.“

„Eignungstest, was ist das?“, wollte der kleine Prinz wissen.

„Ich muss kontrollieren, ob du lernfähig bist.“

„Lernfähig wozu?“, fragte der kleine Prinz.

„Das ist nicht so wichtig“, sagte der Pädagoge. „Das Wichtigste ist, es lässt sich leicht kontrollieren.“

„Gut“, sagte der kleine Prinz, „dann fange an, mich zu testen.“

Der Pädagoge reichte dem kleinen Prinzen ein Arbeitsblatt. „Lies den Text leise durch und kreuze die richtigen Antworten an“, sagte er.

„Aber“, sagte der kleine Prinz, „ich kann doch gar nicht lesen.“

Der Pädagoge war empört. „Du willst in die Schule und kannst noch nicht lesen? Was hast du denn für eine Frühförderung? Wir Pädagogen haben festgestellt, dass es notwendig ist, Kindern vor der Schule das Lesen, Rechnen und logisches Denken beizubringen, damit sie das nicht erst in der Schule lernen müssen.“

„Und was lernt man dann in der Schule?“, fragte der kleine Prinz.

„Die Schule baut“, sagte der Pädagoge, „auf der Vorschule auf und kann sich dann wissenschaftlichen Dingen zuwenden. Sie bereitet so vor auf die weiterführenden Schulen. So spart man eine Menge Zeit. Was hast du denn in deiner Vorschulzeit bisher gemacht?", fragte er den kleinen Prinzen.

„Ich habe gespielt."

„Spielen ist Zeitverschwendung", sagte der Pädagoge. „Waren es wenigstens Lernspiele?"

„Das weiß ich nicht", sagte der kleine Prinz. „Ich habe zum Beispiel gemalt. Willst du es sehen?", fragte er und zeigte dem Pädagogen sein Bild mit der Schlange, die einen Elefanten gefressen hat.

„Na gut", meinte der Pädagoge, „das ist wohl die Umgrenzung von Nullelementen in einer Menge."

„Elemente von was?"

„Hast du noch nie etwas von Mengenlehre gehört? So wirst du den Numerus Clausus nie schaffen." Der kleine Prinz schaute fragend. „Schon gut", meinte der Pädagoge, „ich will es dir erklären. Das Wichtigste im Leben ist die rechtzeitige Vorbereitung. Die Vorschule bereitet auf die Grundschule, die Grundschule auf die weiterführende Schule, die weiterführende Schule auf die Universität, die Universität auf den Beruf vor. Hast du verstanden?"

„Und auf was bereitet der Beruf vor?“, fragte der kleine Prinz.
„Auf den Ruhestand natürlich.“
„Und der Ruhestand?“
„Du bist aber ein entsetzlicher Quälgeist“, sagte der Pädagoge. „Wenn jemand in seinem Leben etwas geleistet hat, wird er auch seinen Ruhestand zu nützen wissen, damit die Leute einmal an seinem Grab sagen können, er habe ein erfülltes Leben gehabt.“
„Komisch“, sagte der kleine Prinz, „ich habe den Eindruck, jemand, der immer nur vorbereitet wird, hat nie Zeit zu leben.“
„Das verstehst du noch nicht“, sagte der Pädagoge schroff. „Sag mir lieber, was du bisher noch geleistet hast. Bringst du wenigstens ein biologisches Wissen mit? Welche Pflanzen und Tiere kennst du?“
„Ich habe auf meinem Planeten eine Rose.“
„Es gibt viele Rosenarten“, entgegnete der Pädagoge. „Ich habe hier ein Arbeitsblatt über Rosen. Da du nicht lesen kannst, will ich es dir vorlesen:

1. Aufgabe: Meine Rose ist
a) eine Pfingstrose,
b) eine Polyantharose,
c) eine Heckenrose,
d) eine Hochstammrose
Kreuze die richtige Antwort an!

2. Aufgabe: Welche chemischen Prozesse vollziehen sich bei der Nahrungsaufnahme der Rose?
– Du hast wieder mehrere Antworten zur Auswahl.

3. Aufgabe: Bilde mindestens fünf zusammengesetzte Hauptwörter mit Rose wie Rosenkohl, Rosenduft und so weiter!“

„Meine Rose duftet sehr gut“, unterbrach ihn der kleine Prinz.
„Guter Duft ist im kognitiven Erfassungsbereich nicht vorgesehen, der lässt sich schlecht kontrollieren und gehört daher nicht in den Lernzielkatalog“, winkte der Pädagoge ab.

„Ich mag meine kleine Rose“, sagte der kleine Prinz, „und denke immer darüber nach, wie ich sie vor dem Schaf auf meinem Planeten schützen kann.“

„Über Pflanzenschutzmittel sprechen wir dann im chemischen Sachkundeunterricht. Du wirst sehen, das ist sehr interessant.“

„Und ich freue mich jeden Tag an meiner Rose.“

„Freude ist ein affektives Lernziel. Das ist nicht so wichtig, aber von mir aus darfst du am Schluss der Unterrichtsstunde auch Freude über Rosen empfinden. Ich werde schon einen Weg finden, wie ich kontrollieren kann, ob deine Freude lernzielspezifisch war.“

„Ich will mich aber nicht nur freuen, wenn es auf deinem Plan steht“, sagte der kleine Prinz.

„Zur ständigen Freude haben wir leider keine Zeit, sonst erreichen wir unsere Lernziele nicht“, sagte der Pädagoge unwirsch. „Und wenn wir die nicht erreichen, bist du lebensuntüchtig. Nicht für die Schule, sondern für das Leben lernen wir.“

„Du hast recht“, sagte der kleine Prinz, „darum glaube ich, ist deine Schule doch nichts für mich.“ Und er

machte sich wieder auf die Reise. – „Halt, halt", rief ihm der Pädagoge nach, „Du hast noch gar nicht gehört, wie meine didaktische Analyse weitergeht und welche Lernziele ich noch vorgesehen habe: Rechnen mit Rosenkranzperlen im Religionsunterricht, Mikroskopierübungen bei Rosenblättern, Bestimmung der Kadenzen im Lied ‚Sah ein Knab ein Röslein stehn', über Bräuche sprechen und Freude über den Rosenmontag empfinden, das literarische Werk Herbert Rosendorfes würdigen lernen ..."
Aber das hörte der kleine Prinz nicht mehr, denn er hatte sich ganz schnell davongemacht, um nicht noch eine Neurose zu bekommen.

Der kleine Prinz beim Zeitsparer

Der kleine Prinz kam zu einem Planeten, der von einem Zeitsparer bewohnt war. Er sah einen Mann, der mit einer großen Uhr in der Hand herumrannte.
„Was machst du denn da?“, wollte der kleine Prinz von ihm wissen.
Der Mann zog ein Büchlein aus der Tasche. „Es ist 10:17 Uhr“, sagte er, „du stehst aber nicht drin.“
„Was sollte denn drinstehen?“
„Dass du einen Termin bei mir hast.“
„Was ist ein Termin?“
„Du weißt nicht, was ein Termin ist? In welcher Zeit lebst du denn? Termine sind die einzige Möglichkeit, mit der Zeit auszukommen. Wer mit der Zeit gehen will, muss lernen, die Zeit einzuteilen.“
„Und wozu teilt man die Zeit ein?“, wollte der kleine Prinz wissen.
„Um sie zu sparen natürlich.“
„Und wie machst du das?“

„Indem ich mehr Tempo in die Zeit bringe. Man muss lernen, alles schneller zu machen. Unsere Zeit verlangt Schnelllebigkeit, Schnellzüge, Schnellstraßen, Schnellrestaurants. Schneller denken, schneller schalten, schneller essen und trinken, schneller schlafen, das ist mein Geheimnis."

„Schneller sterben und vergessen sein", dachte sich der kleine Prinz.

„Ich habe eine eigene Methodik entwickelt, um Zeit zu sparen", fuhr der Zeitsparer fort. „Mit der richtigen Rationalisierung geht alles schneller."

„Rationalisieren, was ist das?", fragte der kleine Prinz.

„Man streicht alles Überflüssige weg."

„Und was ist überflüssig?", wollte der kleine Prinz wissen.

„Überflüssig ist alles, was uns viel Zeit kostet. Zeit ist kostbar. Zeit ist Geld. Wer rationalisiert, gewinnt Zeit und Geld."

„Und was macht man mit der gesparten Zeit und dem Geld?"

„Man kann es verwenden, um noch bessere Methoden

des Zeitsparens zu entwickeln. Wer in der Gegenwart Zeit spart, hat Zeit in der Zukunft."

„Was tust du mit der zukünftigen Zeit?", erkundigte sich der kleine Prinz.

„Da habe ich dann Zeit für die Zeit und kann über sie verfügen."

„Wenn die Zeit kommt, in der man könnte, ist aber oft die Zeit vorüber, in der man noch kann", so dachte der kleine Prinz.

Der Zeitsparer sah auf eine der vielen Uhren, die überall auf seinem Planeten hingen oder standen. „Es ist jetzt 10:27 Uhr und 30 Sekunden", sagte er, „ich habe mit dir jetzt genau 10 Minuten und 20 Sekunden mit

diesen dummen Fragen und Antworten vertan. Diese Antwort hat mich schon wieder 11 Sekunden gekostet. Es ist jetzt 10 Uhr 27 Minuten und 41 Sekunden. Dabei habe ich noch aufgerundet. Normalerweise rechne ich mit Zehntel- und Hundertstelsekunden."

„Du versuchst also, mit Tempo die Zeit zu überholen. Tempo ist außer Atem gekommene Zeit. Ohne Atem ist aber kein Leben möglich. Nicht die Zeit stiehlt uns das Leben, sondern das Tempo."

„Papperlapapp", sagte der Zeitsparer schroff. „Zeit ist Leben, und gesparte Zeit ist gespartes Leben."

„Aber du hast doch nie Zeit, also lebst du auch nicht", konterte der kleine Prinz.

„Wenn es nicht so viel Zeit in Anspruch nähme, müsste ich jetzt lachen. Solange ich sehe, dass meine Uhren gehen, lebe ich."

„Deine Uhren mögen richtig gehen, aber du gehst falsch. Wer nie Zeit hat, vergeudet das Kostbarste, was er hat, sein Leben."

„Ich sagte dir doch schon, dass das Kostbarste die Zeit ist", entgegnete ihm der Zeitsparer.

„Du magst recht haben, wir haben die Zeit als Geschenk bekommen, aber nicht die Hast. Wer nur auf die Uhr schaut, sieht nie den Sinn der Zeit."
„Sinn der Zeit? Unsinn. Der Sinn der Zeit ist, mit der Zeit zu gehen."
„Fragt sich nur, mit welcher", sagte der kleine Prinz. „Aber ich glaube, es ist wirklich Zeit zu gehen." Und er machte sich wieder auf die Reise.

Der kleine Prinz bei der KI

„Guten Tag, kleiner Prinz“, rief ihm schon von Weitem eine Art Roboter zu.
„Guten Tag“, sagte der kleine Prinz erstaunt. „Woher weißt du denn, wer ich bin?“
„Ich weiß alles“, sagte die Gestalt, „das ist mein Beruf. Dafür bin ich gemacht worden.“ Der kleine Prinz schaute ihn fragend an. „Du siehst doch, dass ich eigentlich nicht genauso bin wie du oder wie dein Schaf oder die Rose auf deinem Planeten. Ich bin künstlich.“

„Du kennst sogar mein Schaf und meine Rose. Das ist ja unglaublich. Aber was heißt künstlich?"

„Das ist das Gegenteil von natürlich. Deine Rose wächst von ihrem Samen her, ist also zunächst ganz winzig. Dann wird sie größer. Es entstehen Blätter und Blüten. Und diese beginnen, wunderbar zu duften. Und schließlich entsteht aus der Blüte eine Frucht, die Hagebutte. Und die ist voller kleiner Samen. Diese können, wenn man sie in die Erde steckt, wieder eine neue Rose hervorbringen."

„Ich weiß", sagte der kleine Prinz, „das alles habe ich erlebt. Und wie ist es bei dir?"

„Ich komme nicht von einem Samen und bin nicht gewachsen, ich wurde gemacht."

„Gemacht? Von wem?"

„Von Menschen. Die haben mich erfunden und mich so gemacht, wie ich bin. Ich bin sozusagen fertig zur Welt gekommen."

„Wenn ich dich recht verstehe, bist du auch nicht einfach auf die Welt gekommen, sondern bist hergestellt und konstruiert worden?"

„Richtig, deshalb hängt es auch von denen ab, die mich gemacht haben, ob sie mich einschalten. Aber sie können mich auch wieder abschalten, wenn sie mich nicht mehr brauchen.“

„Oh je“, sagte der kleine Prinz, „ich wäre sehr traurig, wenn mich jemand ausschalten würde, wenn man mich nicht mehr braucht.“

„Was mich betrifft, habe ich da keine Sorgen. Ich werde gebraucht. Sonst hätten mich die Menschen nicht konstruiert.“

„Da wäre ich mir nicht so sicher. Die Menschen haben viel gebaut, was sie eigentlich gar nicht brauchen oder was sogar gefährlich sein kann.“

„Das kann bei mir nicht der Fall sein. Intelligenz ist immer notwendig und gut.“

„Da wäre ich mir nicht so sicher. Weißt du nicht, was schon alles von intelligenten Menschen angerichtet wurde? Sie sind auch für Krieg und Zerstörung verantwortlich.“

„Natürlich weiß ich das. Ich hab dir doch gesagt, dass ich alles weiß. Deshalb haben mich die Menschen gemacht. Damit sie wissen, was sie tun müssen."
„Tun müssen, wozu?", fragte der kleine Prinz.
„Damit sie zum Beispiel wissen, was richtig ist. Damit nehme ich ihnen viel Denkarbeit ab."
„Du glaubst, dass es für die Menschen gut ist, wenn sie nicht mehr selber denken müssen?"
„Das macht doch das Leben leichter, wenn man sich nicht mit der ganzen Denkerei abplagen muss, oder?"
„Ich denke eigentlich gerne. Ein gescheiter Mensch hat sogar gesagt, er ist nur Mensch, weil er denkt."
„Vielleicht denkt er aber lediglich, dass er denkt."
„Und was mache ich, wenn ich nicht mehr selber denken muss?"
„Du hast viel mehr Zeit zum Leben."
„Aber du weißt doch, dass das Leben nicht immer leicht ist", wandte der kleine Prinz ein. „Ich habe einmal gelesen, was ein gescheiter Mensch gesagt hat: ‚Das Leben ist ein Plan zum Abarbeiten'."
„Ich arbeite bereits daran, dass man einen Roboter

konstruiert, der den Menschen sogar das Leben abnimmt, also ein KL, Künstliches Leben. Wäre das nicht der größte Erfolg, wenn man auf Grund der künstliche Intelligenz sogar ein KL konstruiert, das den Menschen die schwierigste Aufgabe, die er von Geburt an hat, abnimmt: etwas, was für den Menschen leben kann?“

Da machte sich der kleine Prinz wieder auf die Reise. Er überlegte noch: „Ich glaube, dass die Intelligentesten die sind, die nicht meinen, alles zu wissen, sondern die, die immer wieder Fragen stellen.“

„Halt“, rief ihm der Roboter nach. „Wohin gehst du? Was hast du vor?“

„Leben“, antwortete der kleine Prinz, „aber nicht künstlich. Vielleicht fällt mir aber etwas zur Kunst des Lebens ein.“

Der kleine Prinz auf dem Digitalplaneten

Der kleine Prinz landete auf dem Planeten der Digitalisten.
„Grüß Gott“, sagte der kleine Prinz. Der Digitalist starrte auf sein Handy und antwortete nicht.
„Grüß Gott“, sagte der kleine Prinz noch einmal etwas lauter. Der Digitalist schaute ganz kurz auf und sagte: „Ich kann dir leider nicht antworten.“
„Warum nicht?“, fragte der kleine Prinz.
„Wohin soll ich dir meine Antwort mailen, wenn du kein Handy bei dir hast? Ich sehe jedenfalls keines.“
Der kleine Prinz schaut ihn fragend an. Der Digitalist meinte: „Sag einmal, wo kommst du denn her? Ich habe den Eindruck, du bist nicht einmal vernetzt.“
„Vernetzt?“, fragte der kleine Prinz. „Ich habe ein Schaf auf meinem Planeten. Es wäre schade, wenn es in ein Netz geriete, denn es ist ein wirklich guter Freund.“
„Du hast nur ein Schaf als Freund?“, lachte der Mann

mit dem Handy in der Hand. „Bist du nicht bei Facebook? Da hat man hunderte, ja tausende von Freunden und nicht nur ein Schaf."

„Ich glaube, ich habe noch einen Freund, einen Fuchs. Es hat lange gedauert, bis wir uns beide vertraut gemacht haben."

„Papperlapapp", rief der Digitalist „wo käme man da hin, wenn man sich um jeden einzelnen Freund kümmern müsste! Es reicht, wenn man sie auf einer Liste hat und ihre E-Mail-Adressen kennt. Die sind jederzeit verfügbar. Vorausgesetzt, wie gesagt, dass man vernetzt ist."

„Freunde sind aber nicht einfach verfügbar. Weißt du überhaupt, was ein Freund ist?", fragte der kleine Prinz. „Kennst du nicht das schöne Lied des unvergesslichen Franz Beckenbauer?" Und er fing an zu singen: „‚Gute Freunde kann niemand trennen. Gute Freunde sind nie allein.' – Ein Freund ist jemand, der mit dir durch dick und dünn geht und dem man alles anvertrauen kann."

„Anvertrauen? Vertrauen ist gut, Kontrolle ist besser. Aber was heißt ‚durch dick und dünn gehen'?"

„Das heißt, dass man im guten und in schlechten Zeiten zueinander steht oder auch die Hände ausstreckt, wenn einen der andere braucht."
„Das ist doch Firlefanz", entgegnete der Digitalist, „heute genügt es, mit einem Finger auf den richtigen

Knopf zu drücken und den Freund auszuwählen, der das richtige Profil hat."
Wieder schaute der kleine Prinz fragend. „Profil, was ist denn das?"
„Ein Profil bedeutet, dass man eine umfassende Aussage über sich, seine Hobbys, seine Stärken und Schwächen ins Internet stellt, damit jeder sehen kann, woran er ist, wenn er mich zum Freund machen will. Ein Profil dient dazu, dass sich jeder ein klares Bild vom anderen machen kann. Transparenz ist die Voraussetzung für jede Kommunikation."
„Ich möchte gar nicht alles von meiner Rose oder dem Schaf wissen und möchte aber auch nicht, dass jeder alles über mich weiß. Es ist doch schöner, wenn man auch noch etwas Geheimnisvolles belässt."
„Hast du noch nicht von Aufklärung gehört?", schimpfte der Digitalist. „In einem aufgeklärten Zeitalter haben Geheimnisse keinen Platz mehr. Wer vernetzt ist, kann mit einem Knopfdruck bei Google Antworten auf alle Fragen dieser Welt bekommen."
„Auf alle Fragen?", wollte der kleine Prinz wissen.

„Auch auf das Woher und Wohin?“

„Natürlich, das ist sogar ein gutes Beispiel. Ein besonderer Verdienst der digitalen Welt ist der Navigator. Der Navigator sagt dir auf den Punkt genau voraus, wohin du fahren oder gehen musst. Er berechnet dir sogar auf die Sekunde genau, wie lange der Weg dorthin dauert und wann du ankommen wirst. Damit spart man sich viel Zeit, die man früher für Umwege verloren hat.“

„Ich habe gerade auf den Umwegen viel Schönes und Neues gesehen und erlebt. Und manchmal, wenn ich ganz schnell am Ziel war, wusste ich gar nicht mehr, was ich dort sollte“, meinte der kleine Prinz nachdenklich.

„In der digitalen Welt werden nicht nur Umwege, sondern auch Wege überflüssig. Man kann mit einem Drücken auf den richtigen Knopf sich jede Mühe und Anstrengung ersparen. Sogar den eigenen Lebensweg.“

Jetzt war der kleine Prinz aber richtig verblüfft. „Den eigenen Lebensweg?“, fragte er ungläubig. „Heißt das, dass man vielleicht gar nicht mehr diesen Weg gehen muss?“

„So ist es. Schon einmal etwas von der virtuellen Welt gehört? Immer mehr Menschen begeben sich mittels Knopfdrucks bereits in diese."
„Auf dem Planeten des Geografen habe ich gesehen, wie der einen Welt-Atlas in der Hand hatte. Ist darin auch eine Landkarte dieser Welt ?"
„Nein, nein, es gibt keine Karte von der virtuellen Welt, weil es sie eigentlich in Wirklichkeit gar nicht gibt."
„Du willst mir weismachen, dass es eine Welt geben soll, die es gar nicht gibt?", rief der kleine Prinz.
„Sicher, schon heute verbringen viele Menschen täglich die meiste Zeit in ihr."
„Und wo ist diese Welt? Wie kommt man denn dahin?"
„Natürlich digital. Ich sagte es dir doch bereits. Ohne Digitalisierung ist nichts mehr möglich. Eine Welt ohne Digitalisierung ist wie ... wie ein Fußballspiel ohne Ball oder ein Auto ohne Lenkrad. Ist es nicht großartig, mit einem Fingerdruck die ganze Welt bereisen zu können?"
„Wenn ein Fingerdruck genügt",

wollte der kleine Prinz wissen, „wozu braucht man dann noch andere Körperteile?"

„Du hast im Prinzip recht, aber man braucht auch noch den Po, auf dem man sitzt, während man digitalisiert. Und natürlich die Augen, mit denen man sieht, was sich auf dem iPad oder Tablet abspielt. Ist es nicht genial, dass es der Fortschritt dank der Digitalisierung geschafft, hat, die ganze Welt und das ganze Weltgeschehen auf ein paar Quadratzentimetern überschaubar zu machen? Denk einmal, wie man sich früher anstrengen musste: gehen, wandern, fahren, fliegen. Wie viel Zeit das gekostet hat!"

„Und was machst du mit der gesparten Zeit?", wollte der kleine Prinz wissen.

„Ich sammle immer noch mehr Wissen über die Welt. Du weißt doch, Wissen ist Macht!"

„Es gibt verschiedene Arten von Wissen", sagte der kleine Prinz. „Woher weißt du denn, dass aus deinem Gerät das richtige Wissen herauskommt? Du weißt ja nicht einmal, wer es dort hineingebracht hat."

„Mit solchen Spitzfindigkeiten beschäftige ich mich

nicht. Mir ist nur wichtig, dass ich Antwort auf alle meine Fragen bekomme, wenn ich auf den richtigen Knopf drücke."

„Der Knopf ist dir also wichtiger geworden als dein Kopf", lachte der kleine Prinz.

„Ich sehe, du lebst in einer ganz anders Welt als in der Realwelt von heute", schimpfte der Digitalist.

„Realwelt?", fragte der kleine Prinz. „Deine Realwelt ist ja nicht einmal eine Traumwelt, weil man wenigstens noch selber träumen kann. Du aber lebst nicht mehr selber, du wirst gelebt und lässt andere für dich leben. Wenn du auf den Knopf drückst, schaltest du dich da ein, wo du dich von deinem Leben abschaltest."

Mit diesen Worten machte sich der kleine Prinz wieder auf die Reise.

„Halt, halt", rief ihm der Digitalist nach, „du hast mir noch gar nicht deine E-Mail-Adresse gegeben. Damit ich dir mitteilen kann, wenn ich mich entschließen sollte, keine E-Mails mehr zu versenden."

Der kleine Prinz beim Navigator

Der nächste Stern wurde vom Navigator bewohnt.
„Hallo“, rief der Navigator dem kleinen Prinzen entgegen. „Ich habe dich schon lange erwartet. Sicher hast du dich verlaufen?“
„Grüß Gott“, sagte der kleine Prinz. „Du musst mir aber zunächst sagen, wer du bist.“
„Ich bin der Navigator, der Wegweiser, und bin dafür zuständig, dass jeder den richtigen Weg findet.“
„Den richtigen Weg für jeden?“, fragte der kleine Prinz staunend. „Wie ist denn das möglich?“
„Ich weise nicht nur den richtigen Weg. Ich berechne auch die Länge auf den Zentimeter und die Zeit, die man dafür braucht, auf die Sekunde genau.“
„Ist das möglich?“
„Nicht nur das“, sagte der Navigator stolz. „Ich mache den Wegsuchenden auch auf eventuelle Hindernisse, die sich ihm auftun könnten, aufmerksam, damit er sie eventuell umgehen kann.“

„Respekt“, lobte der kleine Prinz. „Ich musste mich immer noch nach den Gestirnen richten, etwa nach dem Großen Wagen und dem Polarstern. Das war aber sehr schwierig und ungenau. Dann habe ich einen Kompass geschenkt bekommen. Das machte die Sache schon leichter. Aber es gibt Leute mit einem schlechten Orientierungssinn, die tun sich trotzdem schwer.“

„Der Fortschritt ist heute so weit, dass sich eigentlich niemand mehr schwertun muss. Alles ist bequemer geworden und man erspart sich langes Suchen und Fragen.“

„Ich finde es aber schön zu fragen“, meinte der kleine Prinz.

„Fragen kostet Zeit. Zeit ist das Kostbarste, was es gibt. Wer Zeit vergeudet, vergeudet sein Leben.“

„Dann glaubst du, dass dein Leben ohne alle Fragen besser wäre? Da fiele aber auch die Neugier weg. Ich bin gerne neugierig, gierig auf alles Neue.“

„Gier ist grundsätzlich etwas, was sich nicht gehört. Denk an die Geldgier oder die Fressgier.“

„Du hast recht“, sagte der kleine Prinz, „Gier bedeutet ein Übermaß, ein Zuviel und dass man etwas mit aller Gewalt haben will. Aber es ist doch wiederum gut, wenn jemand wissbegierig ist."

„Richtig", sagte der Navigator, „und der bekommt eben von mir den Weg, den er wissen will, genau beschrieben."

„Jeden Weg?", fragte der kleine Prinz weiter.

„Sagte ich dir doch. Ein richtiger Navigator kann dir ganz genau jeden Zielpunkt, ob Stern oder Erhebung darauf, beschreiben und auf der Erde die kleinste Straße im kleinsten Ort. Ich zeige jedem, der es will, den richtigen Weg."

„Den richtigen Weg? Glaubst du, dass der richtige Weg auch der rechte Weg ist?", bohrte der kleine Prinz weiter.

„Du bist gut. Natürlich. Was du machst, ist Wortklauberei."

„Nicht ganz. Ich kann durch den richtigen Weg zum richtigen Ort gelangen. Aber dann kann es passieren, dass ich plötzlich merke, dass das nicht der rechte Ort für mich ist und ich vielleicht gar nicht weiß, was ich dort eigentlich wollte."

„Was soll das nun wieder heißen?", fragte der Navigator nun schon etwas ärgerlich.

„Das heißt, dass den Erfolg der Wegsuche im Letzten immer nur ich selber beurteilen kann. Vielleicht ist es manchmal sogar gut, wenn man sich etwas verläuft. Da kann man Neues kennenlernen. Außerdem ist es doch ganz schön, wenn man Menschen nach dem Weg fragen kann. Da kann es nämlich sein, dass der eine oder andere uns sogar auf dem Weg begleitet."
Der Navigator überlegte: „Vielleicht hast du recht. Eigentlich ist es gut, mit jemandem zu sprechen. Wege sind auch dazu da, dass man sich begegnet und einander über den Weg läuft."
„Richtig", sagte der kleine Prinz. „Es wäre doch sehr traurig, wenn jeder nur einen genau bestimmten Weg gehen würde, ohne nach rechts oder links zu blicken. Aber nun werde ich mich wieder auf den Weg machen."
„Versprich mir, dass du wieder einmal bei mir vorbeischaust", bat ihn der Navigator.
„Gerne", antwortete der kleine Prinz. „Übrigens, der Weg zu einem Freund ist immer der rechte Weg", rief er dem Navigator noch zu.

Der kleine Prinz beim „Beleger"

Der nächste Planet war von einem Beleger bewohnt.
„Grüß Gott“, sagte der kleine Prinz. Der Beleger schaute kaum auf, murmelte so etwas wie „Guten Tag“ und legte ein Handtuch auf einen Stuhl.
„Darf ich mich kurz setzen?“, fragte der kleine Prinz. „Ich habe eine weite Reise hinter mir.“
„Bitte nicht auf diesen Stuhl, der Stuhl ist belegt. Das siehst du doch“, rief der Beleger dem kleinen Prinzen zu, der sich auf den Stuhl setzen wollte.
„Belegt?“, fragte der zurück, „Belegt? Was heißt denn das?“
„Belegt heißt belegt, das siehst du doch an dem Handtuch, das ich draufgelegt habe. Und das ist ein Zeichen, dass sich niemand anderes auf den Stuhl setzen darf als ich. Und jetzt halte mich nicht auf, ich habe viel zu tun“, sagte er.
„Und was hast du zu tun?“
„Siehst du nicht, wie viele unbelegte Stellen es noch

auf meinem Planeten gibt, Wiesen, Wege, Bäume und so weiter? Am meisten Gedanken mache ich mir über den Bach und den Teich. Sie lassen sich kaum mit einem Handtuch belegen."

„Aha", sagte der kleine Prinz, „du erklärst also etwas zu deinem Besitz, indem du ein Handtuch drauflegst?"

„Richtig, wer als erster sein Handtuch auf etwas legt, hat es sich angeeignet. Deshalb muss ich ja jeden Tag so früh aufstehen, um der Erste zu sein und den anderen zuvorzukommen."

Der Beleger hatte inzwischen wieder begonnen, aus einem Stapel Handtücher einige an ihm wichtig erscheinenden Stellen auszubreiten.

„Und was geschieht", rief ihm der kleine Prinz zu, „wenn sich jemand doch dahin setzt, wo dein Handtuch liegt?"

„Nun, ich bin ja nicht so", antwortete der Beleger. „Gegen einen kleinen Obolus kann er den Platz für ein paar Stunden mieten."

„Aha. Da kommt sicher einiges Geld zusammen", meinte der kleine Prinz. „Und was machst du damit?"

„In erster Linie verwende ich es für den Kauf von neuen Handtüchern. So kurble ich gleichzeitig die Textilindustrie an. Diese verdankt mir einige Arbeitsplätze. Als Dank dafür kommen viele dieser Brache zu mir und mieten bei mir Sitzplätze. Eine Hand wäscht die andere."

„Und Handtücher, um dann die Hand abzutrocknen, sind ja genügend vorhanden", lachte der kleine Prinz.

„Wie bist du denn bloß auf diese Idee gekommen?", wollte der kleine Prinz wissen.

„Wahrscheinlich ist das genetisch bedingt: Mein Urgroßvater war der bekannte und gefürchtete ‚Erik, der Eroberer'. Er verbrachte sein gesamtes Leben mit Kriegen, um immer neues Land in Besitz zu bekommen. Aber die Zeit der großen Schlachten ist ab jetzt vorbei. Du siehst, ich habe einen viel humaneren Weg der Eroberungen entdeckt."

„Schade", überlegte der kleine Prinz, „dass man nicht schon früher auf die Idee gekommen ist."

Und er dachte an einige große Schlachten wie die Perserkriege,

die Punischen Kriege und natürlich die Weltkriege. Wie viel Blutvergießen wäre den Menschen erspart geblieben, wenn besitzgierige Kaiser, Könige und Feldherren versucht hätten, mit Handtüchern zur Landnahme zu gelangen. Aber vielleicht gab es zur Zeit Alexanders des Großen noch keine Handtücher. Nun ja, ein Kleidungsstück der Mazedonier hätte es ja auch getan. Die alten Griechen waren ja nicht so verschämt. Und dann überlegte er wieder, dass es doch eigentlich gar nicht so schlecht wäre, wenn auch eine frühere kriegerische Belagerung durch eine „Belegung" ersetzt worden wäre. Würde das nicht dem Spruch „Pflüge statt Kanonen" entsprechend die gesamte Waffenindustrie überflüssig machen? Dann könnte es auch heißen: „Handtücher statt Handgranaten".

Schmunzelnd machte sich der kleine Prinz wieder auf die Reise und überlegte, ob man dem „Beleger" vielleicht sogar den Friedensnobelpreis zusprechen sollte.

Der kleine Prinz beim Nihilisten

Der nächste Planet wurde von einem Nihilisten bewohnt.

„Grüß Gott", sagte der kleine Prinz.

„Willst du mich mit jemanden grüßen, den es nicht gibt?", fragte der Nihilist barsch.

„Mit wem soll ich dich dann grüßen?"

„Mit Nichts."

„Aha", sagte der kleine Prinz, „und das gibt es?"

„Natürlich."

„Ist das möglich?"

„Nichts ist unmöglich", antwortete der Nihilist.

„Jetzt hast du aber gerade dem Nichts seine Existenz abgesprochen, indem du gesagt hast, dass nichts unmöglich ist."

„Das Nichts braucht keine Möglichkeit. Es ist Realität."

„Kann es nicht sein, dass du es erst möglich machst, indem du glaubst, dass es real ist?"

„Das Nichts braucht weder mich noch sonst jemanden. Es war schon von Anfang an da. Das steht sogar in der Bibel.“
„In der Bibel?“
„Hast du keinen Religionsunterricht gehabt? In der Bibel steht eindeutig, dass es das Nichts gegeben hat, bevor etwas geworden ist.“
„Es war also schon vor allem Sein da? Dann ist es ja älter als alles Sein!“
„Richtig.“
„Und warum ist es dann zum Sein gekommen?“
„Vielleicht weil dem Nichts das Nicht-Sein zu langweilig geworden ist.“
„Und wie hat es das gemacht?“
„Das solltest du eigentlich wissen. Das hat der Urknall bewirkt.“
„Der Urknall? Wo kam der denn her?“
„Woher wird er schon gekommen sein? Aus dem Nichts selbstverständlich.“
„Dann kann aus dem Nichts etwas werden?“

„Das siehst du doch. Das ganze All, alles ist aus dem Nichts geworden. Daran siehst du, dass ich als Nihilist den einzigen richtigen Glauben habe. Was heißt Glaube, es ist ein wissenschaftliches Wissen."

„Aber wenn aus dem Nichts alles entstanden ist, dann hat ja das Nichts gar keinen Platz mehr."

„Das Nichts braucht keinen Ort und keine Zeit, es ist allgegenwärtig, Vergangenheit, Gegenwart und Zukunft. Worauf steuert das ganze Weltall nach Billionen von Jahren zu? Auf das Nichts. Und weißt du, wer da jetzt schon Vorbereitungen schafft?"

„Nein." „Du bist aber entsetzlich ungebildet. Hast du denn noch nie etwas von den Schwarzen Löchern gehört? Die Schwarzen Löcher sind nichts anderes als Erscheinungsformen des Nichts. Ein Loch braucht nichts. Es ist sich selbst genug."

„Stimmt nicht", warf der kleine Prinz ein. „Denken Sie an ein Loch in einem Strumpf. Ohne den Reststrumpf würde man das Loch nie als Loch feststellen können. Ein Loch braucht einen Rand. Ohne Rand ist das größte Loch nichts."

„Hm“, sagte der Nihilist.
„Heißt das denn nicht“, bohrte der kleine Prinz weiter, „dass es vor dem Nichts doch schon was gegeben haben muss, damit man es als Nichts wahrnehmen konnte? Könnte man nicht sagen, dass das Nichts nichts anderes ist als eine Randerscheinung?“
„Um Himmels willen“, jammerte der Nihilist. „Bitte rauben Sie mir nicht meinen Glauben ans Nichts. Dann hätte ich am Ende ja gar nichts mehr, woran ich glauben kann“.
„Doch“, sagte der kleine Prinz, „an das Garnichts.“ Und er machte sich wieder auf die Reise.

Der kleine Prinz beim schläfrigen Christen

Als der kleine Prinz den nächsten Planeten betrat, hörte er ein leises Schnarchen. Da sah er einen Menschen, der in einer Hängematte lag.

„Aufwachen", rief er ihm zu.

„Lass mich in Ruhe", murmelte dieser schläfrig. „In der Ruhe liegt die Kraft. Und ich muss alles tun, um wieder zu Kräften zu kommen in diesen unruhigen Zeiten."

„Und warum brauchst du die Kräfte?", fragte der kleine Prinz.

„Für neue Wege, die es zu beschreiten gilt, damit endlich Ruhe einkehrt."

„Ruhe wovon?"

„Von dem ganzen alten Ballast. Wir müssen wieder zu den Ursprüngen zurück. Sonst kann sich nichts tun."

„Du willst also, dass sich wieder mehr tut?", fragte der kleine Prinz.

„Natürlich. Siehst du nicht, was bei uns los ist? Nichts ist mehr los. Die Leute laufen uns davon. Die wollen

mehr Action. Die wollen, dass man ihnen etwas bietet."
„Und was soll man bieten?"
„Unterhaltung zum Beispiel. Auf alle Fälle Getränke und Gegrilltes. Auch heute gilt noch immer der Spruch ‚Essen und Trinken halten Leib und Seele zusammen'. Wenn es heißt: ‚für Verpflegung ist gesorgt', kommen noch am ehesten Leute zusammen. In solchen Sachen sind die Menschen bekanntlich doch immer noch gleich. Und vor allem darin, dass sie letztlich ihre Ruhe haben wollen."
„Und du glaubst", fragte der kleine Prinz, „dass das das Wichtigste ist?"
„Ja selbstverständlich. Wir beten doch am Grab jedes Menschen: ‚Herr, gibt ihm die ewige Ruhe.'"
„Ich fände es besser, wenn man mir das ewige Leben

wünschen würde. Glaubst du wirklich, dass die ewige Ruhe das Ziel des Lebens sein kann? Das wäre doch furchtbar langweilig, wenn wir dann alle miteinander für alle Zeit im Himmel nebeneinanderher schlafen würden. Da wär mir ja eine gescheite Seelenwanderung noch lieber. Auch wenn das sogar mir, der ich gerne zwischen den Planeten hin und her wandere, doch zu anstrengend wäre. Einmal ein Hund, eine Katze und dann bei einem schlechten Karma plötzlich irgendein Regenwurm oder sogar ein Bandwurm."

„Aber immerhin wäre da noch immer eine Gelegenheit, dich wieder zu verbessern, eventuell über den Umweg einer Katze zum Delphin. Und ein Delphin wäre ja gar nicht so schlecht, wenn man bedenkt, was die alles drauf haben. Oder sogar ein Krake. Der hat in jedem seiner acht Arme ein eigenes Gehirn."

Der kleine Prinz musste bei dem Gedanken schmunzeln. „Ob die bei einer Entscheidung jeweils demokratisch abstimmen? Aber jetzt bin ich ganz schön vom Thema abgekommen", sagte der kleine Prinz und machte sich wieder auf die Reise.

Der kleine Prinz beim Integrator

„Guten Tag", sagte der kleine Prinz.

Der Mann schaute ihn prüfend an und fragte: „Aha, du willst sicher hereinkommen. Das geht aber nicht so leicht. Du musst erst integriert werden."

„Inte... was?", fragte der kleine Prinz.

„Integriert", wiederholte der Integrator. „Jeder, der meinen Planeten betritt, muss integriert werden. Nichtintegrierte müssen wieder umkehren."

„Integrieren? Was ist denn das?"

„Du willst hier hereinkommen und weißt nicht einmal, was integrieren ist? Für die Integration ist die erste Voraussetzung, dass man weiß, was Integration ist. Aber ich will es dir erklären: Wir haben auf diesem Stern eine Leitkultur. Und diese musst du dir aneignen. Wenn du das gemacht hast, werde ich das überprüfen. Dann kannst du einen Integrationsantrag stellen."

„Und wie lange dauert das dann noch?", wollte der kleine Prinz wissen.

„Vier bis fünf Jahre, in der Regel“, antwortete der Integrator.
„Vier bis fünf Jahre. Ja um Himmels willen. Und was mache ich in der Zwischenzeit?“
„Du kommst auf die Warteliste. Allerdings musst du einen Nachweis über deine Wartekompetenz erbringen.“

„Aha“, sagte der kleine Prinz. „Und wo soll ich diese Wartezeit verbringen?“
„Da haben wir gut vorgesorgt“, antwortete der Integrator. „Du bekommst einen Freiflug zu einem Nachbarplaneten unserer Erde, er heißt Erd-Ugan.“
„Und da muss ich nicht integriert werden?“
„Auf Erd-Ugan gibt es keine Integration in unserem Sinne. Dort gilt allein das Wort des dortigen Herrschers. Und wer dagegen verstößt, wird eingesperrt.“
„Aha“, sagte der kleine Prinz, „das Wort Integration kann auch einsperren heißen?“
„Richtig“, antwortete der Integrator. „Auf alle Fälle steht am Ende jeder Integration, dass der Integrierte ein Glied unserer Gesellschaft und Kultur geworden ist, damit diese so weiterfunktionieren kann wie bisher.“
„Und wie kann man feststellen, ob jemand integriert ist?“, wollte der kleine Prinz wissen.
„Durch Tests und Evaluation selbstverständlich. Wir gehen bei der Integration nach den neuesten Erkenntnissen der Wissenschaft vor. Zunächst stellen wir fest,

was die Pfeiler und Eckpunkte unserer Leitkultur sind und dann überprüfen wir das sogenannte Basiswissen."
„Aha", stellte der kleine Prinz fest, „es gibt also ein allgemein gültiges Grundwissen, das der Integrierte haben muss."
„Richtig", meinte der Integrator. „Du bist auf dem besten Weg, dich zu integrieren".
„Danke", sage der kleine Prinz. „Kannst du mir ein paar Beispiele für dieses Grundwissen geben?"
„An erster Stelle steht die Beherrschung der deutschen Sprache. Wer diese nicht beherrscht, ist in unserer Gesellschaft verloren."
„Wieso verloren?", hakte der kleine Prinz nach.
„Dafür gibt es unendlich viele Beispiele. Denk nur an die Vorschriften und Gebote im Straßenverkehr. Wer etwa die Meldungen unseres Verkehrsfunks nicht versteht, läuft Gefahr, ein Verkehrsopfer zu werden. Wer also nicht weiß, was ‚Update' heißt, ist rettungslos verloren. Dann geht es weiter mit den modernen Medien. Integration bedeutet vor allem uneinge-

schränkte Kenntnis unserer deutschen Medienkultur. Damit sind natürlich vor allem die sozialen Medien gemeint."

„Zum Beispiel?" fragte der kleine Prinz weiter nach.

„Ich nenne dir einige grundlegende Medien wie WhatsApp, Facebook, YouTube, Instagram, TikTok und so weiter. Das läuft in unserem Integrationswissen auch als ‚Medienkompetenz'. Dazu gehört aber auch, dass sich der zu Integrierende mit den wichtigsten Sendungen, die das Leben der bereits Integrierten bestimmen, auskennt."

„Wichtigste Sendungen?", fragte der kleine Prinz nach.

„Die wichtigsten Sendungen lassen sich ganz einfach mit ihren Einschaltquoten ermitteln. Wenn so und so viele Millionen Menschen bei einer Sendung einschalten, schließen wir daraus, dass dies mehr oder weniger ein Ausdruck unserer Leitkultur ist."

„Interessant", meinte der kleine Prinz. „Könntest du mir dafür Beispiele nennen?"

„Natürlich, da ist einmal ‚Deutschland sucht den Superstar', ‚Big Brother' oder ‚Das Dschungelcamp'."

„Was ist denn das?“, wollte der kleine Prinz wissen.
„Ja ja, da sieht man gleich, dass du keine Ahnung von unserer Kultur hast, wenn du solche Kultsendungen nicht einmal kennst. Im Dschungelcamp geht es darum, dass ganz unterschiedliche Personen verschiedenen Geschlechts und verschieden Alters in einem Camp über eine Zeit zusammenleben müssen. Das Dschungelcamp ist mehr oder weniger ein Beispiel dafür, wie Integration zustande kommt. Wer die entsprechenden Prüfungen nicht besteht oder sich ihnen sogar entzieht, fliegt aus dem Camp. Du siehst: wie im richtigen Leben.“
„Welche Prüfungen muss man denn bestehen, um in diesem Dschungelcamp integriert zu werden?“, wollte der kleine Prinz wissen.
„Die Prüfungen werden sehr sorgfältig vorbereitet“, antwortete der Integrator. „Sie folgen mehr oder weniger alle dem Grundsatz, dass man in einer bisher ungewohnten Umgebung mit den entsprechenden Umständen und den Mitbewohnern gut zurechtkommt. Dazu muss man beispielsweise Känguru-Hoden essen oder Schlangenblut trinken oder eine Zeit zusammen mit

Spinnen, Asseln und Fröschen in einem kleinen Raum zubringen. Wer die Prüfungen besteht, bekommt die meisten Punkte und wird als Zeichen für seine geglückte Integration Dschungelkönig oder -königin."

„Um Himmels willen!", rief der kleine Prinz. „Gibt es keine andere Möglichkeit, integriert zu werden?"

„Natürlich, du musst dich in unserer Literatur und im Liedgut auskennen. Sag mir zum Beispiel den Werbespruch von Lidl, McDonald's, Persil oder Müller Milch. Oder sing mir das Lied der Biene Maja oder ‚Zieht den Bayern die Lederhosen aus' vor! Du musst beispielsweise auch über wichtige Bräuche und Feste Bescheid wissen, die die Kultur dieses Landes prägen, wie Halloween und den Christopher Street Day. Vor allem musst du aber nachweisen, dass du dich gemäß der modernen ‚Gender-Regeln' ausdrücken kannst. Dass also auch Begriffe wie der Salzstreuer, der Bürgersteig, der Fußgänger, der Muskelkater, der Wecker, der Kugelschreiber, der Notenständer keine männlichen Domänen sind, sondern es auch Salzstreuerinnen, Muskelkatzen und so weiter geben muss!"

„Wie heißt dieser Begriff, der so wichtig ist?“, fragte der kleine Prinz nach.

„Gender.“

„Und warum heißt es nicht ‚Genderin‘?“

„Du hast eigentlich recht“, sagte der Integrator. „Ich sehe, du bist auf dem besten Weg zur Integration.“

„Das freut mich“, meinte der kleine Prinz. „Was glaubst du, dass ich noch tun kann?“

„Du musst dich als guter Konsument erweisen. Der rechte Konsum ist die Voraussetzung für einen guten Staatsbürger. Vor Jahren hat ein Philosoph einmal gesagt: ‚Cogito, ergo sum‘, das ist längst überholt. Heute heißt es: ‚Consumo, ergo sum‘. Der rechte Konsum ist die Voraussetzung für eine moderne Gesellschaft. Nur so kann unsere Leitkultur aufrechterhalten werden. Viele Jahrhunderte haben die Philosophen die Frage nach dem, was gut ist, gestellt. Heute wissen wir, dass es das ‚Konsum-Gut‘ ist.“

„Und woran erkennt man die Güte eines Konsumgutes?“

„Das hat unsere Gesellschaft ganz klar herausgestellt

und das wird auch ständig ins Bewusstsein gerufen: Ein Konsumgut ist ein echtes Gut, wenn es eine Markenware ist, deshalb spricht man ja auch von Markenzeichen. Diese sind die wichtige Orientierungshilfe bzw. die Markierung für eine Integration. Den recht Integrierten erkennt man nicht zuletzt daran, dass er die rechte Marke trägt, isst, trinkt und so weiter. Insofern ist Integration auch ein wichtiges Betätigungsfeld für Marketing."

„Und woher erfährt man, was die richtige Marke ist?"

„Natürlich aus der Werbung, in den Medien und vor allem im Internet. Apropos Internet. Integration bedeutet weitgehend auch Vernetztheit."

„Vernetztheit?", fragte der kleine Prinz. „Ich kenne nur Einkaufsnetze und Fischernetze."

„Da sieht man, dass du von ganz woanders herkommst", sagte der Integrator. „Seit einigen Jahren ist unsere Erde total vernetzt. Jeder mit jedem, alles mit allem. Wir sind alle Teile eines großen weltweiten Netzes, des Internets. Unser Lebenswerk ist zu einem Netzwerk geworden. Wir sind alle miteinander über den ganzen

Erdball verknüpft. Dadurch wissen wir von allen, was ist und war, und auch von jedem einzelnen alles."

„Um Himmels willen!", rief der kleine Prinz. „Wenn jeder von allen etwas weiß, dann wissen aber auch alle von jedem alles."

„Das lässt sich wohl kaum vermeiden. Eine vernetzte Welt ist eine transparente Welt."

„Auf meinem Planeten gibt es kein solches Netz", überlegte der kleine Prinz. „Ich weiß nicht genau, was

meine Rose gerade von mir denkt oder das Schaf über die Rose und ob es diese nicht doch auffressen will. Vielleicht hätte ich doch einen Zaun um sie bauen sollen, man weiß nie ..."

„Siehst du, in unserer Welt gibt es ein solches ‚Man weiß nie ...' nicht mehr. Und darum braucht es auch keine Zäune. Netze kennen weder Zäune noch Mauern. ‚All you need is net'. Wenn du also ganz und gar integriert bist, bist du auch total vernetzt. Du funktionierst mit und in allem, und alles funktioniert durch dich. Ist das nicht großartig?"

„Ich weiß nicht", überlegte der kleine Prinz. „Ich finde es eigentlich gut, dass es noch Geheimnisse gibt. Dadurch ist doch auch jeder etwas anders und ist damit ein anderer. Wenn es das andere nicht mehr gibt, gibt es auch den anderen nicht mehr und alles ist gleich."

„Siehst du", rief der Integrator, „genau das ist es ja, was Integration so wichtig macht. Durch sie wird alles letztlich gleich. Es gibt keine Unterschiede mehr. Das Ziel der Menschheit hat sich endlich erfüllt. Gleichheit für alle. Gleichheit in allem. Insofern hast du jetzt eine

großartige Antwort auf deine Frage bekommen: Integration ist Angleichung."
„Oder etwa auch Gleichmacherei", meinte der kleine Prinz. „Weißt du, ich finde es ganz wichtig, dass jeder anders ist und auch sein darf, denn nur dadurch ist er auch etwas Besonderes. Ich kenne da ein Gedicht", sagt er und begann es aufzusagen:

„Stell dir einmal vor, es glichen
alle Blumen sich genau,
hätten nur die eine Farbe,
wären rot bloß oder blau,
keine länger oder kürzer,
alle wären ganz gleich groß,
und sie würden ganz gleich duften.
Oder aber, denk dir bloß,
all die vielen, vielen Tiere,
die es gibt auf Erden hier,
würden alle gleich ausschauen,
eins so wie das andre Tier,
alle wie die Elefanten

oder alle wie ein Hund,
oder alles auf der Erde
wär nur eckig oder rund.

Wo man hinschaut, nur das gleiche,
ob das nicht langweilig wär,
und wär noch so voll die Erde
wär sie irgendwie doch leer.
Und jetzt stell dir vor, wir Menschen
wären plötzlich gleich sogar,
einer gleicht genau dem andern
bis aufs allerletzte Haar.
Hätten Haar-, Haut-, Augenfarbe
alle gleich: blauäugig, blond,
jeder hätt' dieselbe Stimme,
wo er auf der Welt auch wohnt.
Alle Menschen dieser Erde,
wo man hinschaut weit und breit,
würden nur dasselbe denken,
trügen nur dasselbe Kleid,
kochten nur dieselbe Speise,

sagen wir einmal Spinat,
sängen stets dasselbe Lied nur,
sag mal, wäre das nicht fad?
Gott sein Dank, dass wir verschieden,
ja sehr unterschiedlich sind,
denn dadurch ist was Besondres
jeder schon als keines Kind.

Darum hoff ich, dass du niemals
etwas Wichtiges vergisst:
Du bist für mich einzigartig,
weil du so bist, wie du bist.
Freu dich, denn die Welt ist farbig!
Gott erschuf die Erde bunt,
wollte, dass ein jeder anders
ist, und aus dem Grund:
Sei zu andern nett, auch wenn du
anders als der andre bist,
weil der eine wie der andre
doch vor Gott der gleiche ist.“

Der Integrator schaute den kleinen Prinzen kopfschüttelnd an. „Du hast es noch immer nicht kapiert, das Wort ‚anders' hat in einer Integration nichts verloren. Wir haben es deshalb aus unserem Wortschatz verbannt. ‚Anders' hat auf unserem Planeten nichts verloren", rief er.
„Aber du bist doch auch anders, anders als die, die deinen Planeten besuchen."
„Ich soll anders sein?", schrie der Integrator zornig. „Du, das ist eine Beleidigung. Und deshalb muss ich-dich leider abschieben."
„Schade", sagte der kleine Prinz, „dann muss ich meine Integration wohl noch aufschieben. Aber abgeschoben ist nicht aufgehoben. Ich werde es schon noch schaffen."
Und er machte sich wieder auf die Reise.

Der kleine Prinz beim Gewaltforscher

Der kleine Prinz war auf dem Planeten des Gewaltforschers gelandet.
„Grüß Gott“, sagte der kleine Prinz.
„Bevor ich dir den Zutritt zu meinem Planeten gewähre, muss ich wissen, ob du kleinere oder größere Waffen bei dir trägst. Du musst dich zunächst von einem Scanner durchleuchten lassen.“
Das tat der kleine Prinz.
„Gut“, sagte der Gewaltforscher, „du scheinst unbewaffnet zu sein. Das genügt mir aber noch nicht. Ich muss auch wissen, ob du gewaltbereit bist.“
„Ich glaube nicht“, antwortete der kleine Prinz. „Ich komme von einem sehr friedlichen Planeten, auf dem nur ein Schaf lebt und eine Rose wächst. Aber vielleicht sollte ich doch besser aufpassen. Vielleicht will das Schaf meine Rose fressen.“ Und er sang das Lied „Sah ein Knab ein Röslein stehn“. „Ich werde immer traurig, wenn ich das Lied höre, denn in diesem geschieht es ja,

dass der Knabe das Röslein trotz deiner Bitte abbricht. Man weiß nie, vielleicht hätte ich trotzdem einen Zaun um die Rose bauen sollen. Oder vielleicht hat die Rose auch das Schaf gestochen und es blutet?“ Der kleine Prinz wurde sehr nachdenklich. „Ich habe viel zu wenig nachgedacht, dass es sogar auf meinem Stern so etwas wie Gewalt gibt.“

„Das interessiert mich wenig“, meinte der Gewaltforscher. „Mir geht es lediglich darum, zu verhindern, dass auf meinem Planeten Gewalt ausbricht. Darum muss ich feststellen, ob du nicht doch zur Gewalt neigst.“

„Ich glaube nicht“, antwortete der kleine Prinz.

„Glauben heißt nicht wissen“, sagt der Gewaltforscher. „Bist du bereit, dich einem Gewaltbereitschaftsfeststellungstest zu unterziehen?“

„Gerne“, sagte der kleine Prinz. „Fang ruhig an, mich zu testen.“

Der Gewaltforscher reichte dem kleinen Prinzen ein Blatt mit Fragen.

„Übst du irgendwelche Kampfsportarten aus wie Judo, Karate, Boxen, Ringen?“

„Nein“, antwortete der kleine Prinz, wüsste gar nicht, mit wem ich boxen sollte.“

„Es gibt auch Schattenboxen“, unterbrach ihn der Gewaltforscher. „Spielst du irgendwelche Gewaltspiele?“

„Ich habe lediglich“, meinte der kleine Prinz, „ein ‚Mensch ärgere dich nicht‘-Spiel. Das spiele ich manchmal, aber weil niemand da ist, der mitspielt, nur mit mir selber.“

„Aha“, sagte der Gewaltforscher, „beim ‚Mensch ärgere dich nicht‘ muss man aber, wenn man ans Ziel gelangen will, immer wieder den Gegner hinauswerfen. Das ist auch eine Form der Gewalt.“

„Ja, aber ich werfe mich doch, wenn ich mit mir spiele, nur selber hinaus.“

„Das ist eben dann eine gewisse Form der Selbstaggression. Und diese schlägt oft in Gewalt gegen andere um. Du siehst, es nicht so leicht, gegen Gewalt vorzugehen, und bedarf vieler Forschungen dazu, was man alles tun muss, um Gewalt zu vermeiden. Alle neigen irgendwie zu Gewalt.“

„Ich glaube aber“, warf der kleine Prinz ein, „dass es viel schöner ist, Gutes zu tun.“
„Bla, bla, bla“, rief der Gewaltforscher. „Die Evolution hat gezeigt, dass sich immer nur der Stärkere durchsetzt, das geht nur über Kampf und Gewalt. Wie sagt der griechische Dramatiker Sophokles: ‚Nichts ist gewaltiger als der Mensch.‘“
„Gewaltig ist nicht gewaltsam“, verbesserte der kleine Prinz. „Es gibt auch eine sanfte Gewalt. Und ich glaube, dass der Mensch deshalb etwas Besonderes ist, weil er eigentlich dazu da ist, Gutes zu tun.“
„Romantisches Getue“, schimpfte der Gewaltforscher. „Ich zitiere nochmals einen Griechen. Heraklit hat gesagt: ‚Der Krieg ist der Vater aller Dinge.‘“
„Vielleicht sollten wir darüber nachdenken, dass es auch einen Wettbewerb im Guttun geben kann“, meinte der kleine Prinz. „Jeder sollte wissen, dass er für etwas und für jemanden gut ist und immer, ob groß oder klein, alt oder jung, jederzeit etwas Gutes tun kann.“
„Du bist ein unverbesserlicher Optimist“, rief der Gewaltforscher, „und störst mich in meinen Gewaltfor-

schungen. Am besten ist, du verschwindest wieder, sonst werde ich noch aggressiv.“

Traurig verließ der kleine Prinz den Planeten. Aber nach einiger Zeit kam er wieder zurück.
„Du schon wieder“, rief der Gewaltforscher.
„Ich wollte dir noch etwas Wichtiges sagen, denn ich habe ein Geheimnis entdeckt.“
„Ein Geheimnis?“, fragte der Gewaltforscher. „Da bin ich aber gespannt!“
„Das Geheimnis ist, dass das Wichtigste im Leben der Buchstabe ‚i‘ ist.“
„Unsinn“, lachte der Gewaltforscher, „ein ‚i‘ kommt ja im Wort ‚Leben‘ gar nicht vor.“
„Das ist es ja eben“, sagte der kleine Prinz, „wir müssen alle nur immer wieder versuchen, den Buchstaben ‚i‘ vor das ‚e‘ zu setzen. Dann wird Leben zu dem, was es eigentlich sein sollte. Aus Leben wird Lieben. Denk einmal darüber nach!“, rief der kleine Prinz und er machte sich wieder auf die Reise.

Der kleine Prinz beim Evaluator

Als der kleine Prinz noch auf seinem Planeten wohnte, bekam er plötzlich Besuch von einem Mann, der einen Stoß von Blättern bei sich trug.

„Grüß Gott“, sagte der kleine Prinz.

„Das ist eine mögliche Form der Begrüßung“, rief der Mann. „Es gibt noch mehrere andere. Ich werde dir mehrere nennen und du sagst mir, welche noch richtig wären: ‚Guten Tag‘, ‚Auf Wiedersehen‘.“

„Wozu soll das gut sein?“, fragte der kleine Prinz.

„Ich könnte deine Höflichkeit evaluieren“, meinte der Mann.

„Evalu..., was ist denn das?“, fragte der kleine Prinz.

„Evaluieren“, sagte der Mann. „Ich bin zu dir auf deinen Planeten geschickt worden, um dich zu evaluieren. Ich komme nämlich vom Institut für Überprüfung der Intelligenz auf Planetoiden, kurz IFP genannt.“

„Was bedeutet denn evalu...“, fragte der kleine Prinz.

„Evaluieren, pass auf, ich buchstabiere: E wie Effizienz, V wie Vorschule ...“

„Das brauchst du nicht“, entgegnete der kleine Prinz. „Ich will nur wissen, was das ist.“

„Evaluieren, äh“, überlegte der Mann, „nun, ich weiß es eigentlich selber nicht so genau, aber es hat in erster Linie mit dem Ausfüllen von Listen zu tun. Ich bin vom IFP als Evaluator eingesetzt und das heißt, dass ich die Papiere voll bekomme. Weißt du, ich werde nämlich vom IFP auch evaluiert, wie viele Listen ich ausgefüllt zurückbringe.“

„Dann heißt also evaluieren „sammeln" von Papier. Bist du also Papierhändler?"
„Nein, so, glaube ich, kann man das nicht sagen, denn bei meinen Papieren handelt es sich mehr um Bögen, besser um Listen. Und das Besondere an Listen ist, dass sie ausgefüllt werden müssen."
„Ausgefüllt womit?"
„Das ist nicht so wichtig", sagte der Evaluator. „Die Hauptsache ist, die Listen sind am Ende voll, damit man sie evaluieren kann."
„Schon wieder das Wort evaluieren. Was geschieht denn mit den ausgefüllten Listen?"
„Das weiß ich auch nicht so genau. Das ist nicht meine Aufgabe, sondern die des Institutes. Ich glaube, man sammelt sie zunächst einmal."
„Also heißt evaluieren doch sammeln?"
„Nein, man sammelt sie und ordnet sie dann."
„Aha", bemerkte der kleine Prinz, „dann heißt evaluieren also ordnen. Aber wie und wonach ordnet man sie?"
„Ich sagte dir doch", antwortete der Evaluator, „ich weiß es nicht so genau. Ich bin sozusagen in der Vor-

evaluation tätig. Aber ich glaube, dass man sie nach dem Namen der Befragten oder auch ihrem Alter oder ihrem Wohnort ordnet. Ich weiß, dass eine der wichtigsten Verordnungen eben die Ordnung ist, wie ja das Wort Verordnung deutlich sagt."

„Gut", sagte der kleine Prinz, „und wenn man dann die Listen geordnet hat, was geschieht dann?"

„Ja, was wird schon damit geschehen? Dann werden sie selbstverständlich abgelegt. Es ist seit eh und je das Schicksal jeder Liste, dass sie in die Ablage kommt. Deswegen ist der größte Raum im IFP auch der Ablageraum. Ich habe ihn schon gesehen; er ist schon bis zur Decke mit Listen gefüllt."

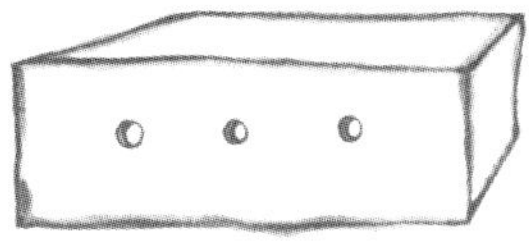

„Und was geschieht, wenn kein Platz mehr für neue Evaluationen ist?"

„Dann wird man wohl die ältesten Listen entsorgen müssen. Die Kosten für neue Lagerräume kann sich das Institut kaum leisten. Heutzutage gibt es großartige Möglichkeiten, altes Material zu entsorgen, indem man es zerhäckselt und aus Altpapier wieder neue Listen macht."

Der kleine Prinz schüttelte den Kopf. „Ich weiß nicht so recht. Solche Evaluationen machen doch eine Menge Arbeit."

„Da hast du recht", meinte der Evaluator geschmeichelt, „Evaluation ist ein sehr anstrengendes Geschäft."

„Ja, und dann entsorgt ihr die Listen irgendwann einfach?"

„Nein, nein, so einfach macht man sich das nicht. Ich weiß zufällig, dass man, bevor man die Listen vernichtet, noch Fotokopien davon macht. Im Institut gibt es auch einen großen Raum zur Aufbewahrung von Fotokopien." Er schaute auf die Uhr. „Oje, jetzt habe ich mich mit dir schon viel zu lange unterhalten. Ich bin hier der Evaluator und muss mich nicht ständig von dir evaluieren lassen. Es sei denn, ich wäre zufällig auf dem Planeten zur Evaluation von Evaluatoren gelandet."

„Nein, nein", beruhigte ihn der kleine Prinz. „Also, wenn es so wichtig für dich ist, dann fang an, mich zu evaluieren."

„Das ist freundlich von dir, aber es bliebe dir auch gar nichts anderes übrig. Unsere oberste Evaluationsbehörde hat nämlich den Satz evaluiert: Wer nicht evaluiert worden ist, existiert überhaupt nicht. Du möchtest doch weiter existieren. Da gibt es einen schönen Satz unseres Evaluationspräsidenten, der ein guter Lateiner ist: Evaluor, ergo sum. Ich werde evaluiert, also bin ich."

„Nun gut", meinte der kleine Prinz. „Dann fang halt endlich an."

„Gut", rief der Evaluator. „Mein Evaluationsauftrag für diesen Planetoiden lautet: Evaluation von musischen Fähigkeiten von Isolaten."

„Von was?"

„Du bist ein Isolat, weil du allein auf einem Planetoiden wohnst."

„Das stimmt nicht", entgegnete der kleine Prinz. „Hier lebt auch noch ein Schaf."

„Für Schafe bin ich nicht zuständig", entgegnete der Evaluator. „Dies beurteilt unser Agnologe. Also ich beginne: Singst du gern?"

Der kleine Prinz lächelte: „Ja, sehr gern sogar. Ein guter Freund, der mich gelegentlich besucht, ist der Professor Zilch, und er ist auch ein guter Lateiner und hat einmal gesagt: ‚Canto, ergo sum.' Ich singe, also summe ich oder so ähnlich."

„Siehst du", sagte der Evaluator, „und jetzt evaluiere ich deine gesangliche Befähigung."

„Soll ich dir etwas vorsingen?", fragte der kleine Prinz und begann, das Lied „Hänschen klein" zu singen. Der Evaluator winkte ab.

„Alles schön und gut. Aber dein Gesang bringt für meine Liste wenig. Doch es trifft sich gut, dass du das Lied ‚Hänschen klein' ausgewählt hast. Ich habe nämlich eine spezifische Evaluation für genau dieses Lied dabei." Er blätterte in den Listen herum und übergab dem kleinen Prinzen ein Blatt. „Lies die Frage richtig durch und beantworte sie nach bestem Wissen und Gewissen!"

Der kleine Prinz schaute etwas verlegen. „Aber ich kann doch gar nicht lesen. Ich gehe noch nicht zur Schule."

Der Evaluator schaute ihn böse an. „Schule hin, Schule her, wofür gibt es denn eine Vorschule? Ich werde sofort veranlassen, dass dir der neue Bildungsplan für Kindergärten zugeschickt wird, damit du dich über deine Pflichten als Vorschulkind informierst."

„Aber den kann ich doch auch nicht lesen", meinte der kleine Prinz verzweifelt.

„Na und wenn schon", rief der Evaluator. „Manche behaupten ohnehin, dass diesen Plan niemand gelesen hat. Aber darauf kommt es nicht an. Erinnere dich, was ich vorhin gesagt habe. Gleich nach seinem Erscheinen begann die Evaluation des Plans. Und dadurch, dass er evaluiert wird, ist seine Daseinsberechtigung bewiesen. Evaluor, ergo sum. Aber was mache ich denn mit dir? Nun gut, ich lese dir die Fragen einfach vor, und du sagst mir, an welcher Stelle ich das Kreuzchen für die richtige Antwort machen soll."

Und so begann der Evaluator den kleinen Prinzen mit den folgenden Fragen über das Lied „Hänschen klein" zu evaluieren.

1. Was nahm H. k. auf seinen Weg mit?
a) Stock und Hut
b) einen Rucksack
c) Nordic-Walking-Stöcke

2. Wie ist die Stimmungslage von H. k.?
a) saugrantig
b) wohlgemut
c) cool

3. Wie reagiert die Mutter auf den plötzlichen Weggang von H. k.?
a) Sie räumt zuerst H. k.s Kinderzimmer auf.
b) Sie weinte sehr.
c) Sie meldet ihn im Kindergarten ab.

4. Wie vollzog sich die Rückkehr von H. k.?
a) Er versuchte sich als Anhalter.
b) Er eilte heim geschwind.
c) Er schickte seiner Mutter eine E-Mail, dass sie ihn abholen soll.

5. Welches Sprichwort passt am besten zu dem Lied?
a) Man soll den Tag nicht vor dem Abend loben.
b) Reue kommt nie zu spät.
c) Was Hänschen nicht lernt, lernt Hans nimmermehr.

Nachdem der kleine Prinz alle Fragen beantwortet hatte, wollte sich der Evaluator mit den Listen zufrieden wieder auf die Reise machen.
„Vale“, rief ihm der kleine Prinz nach. Der Evaluator schaute noch einmal zurück und rief: „Falsch, es heißt ‚evalue‘.“
„Die Erwachsenen“, überlegte der kleine Prinz, „sind manchmal sehr seltsam.“ Und er spitzte seine Lippen.
„Ach“, überlegte er, während er das Lied „Hänschen klein“ zu pfeifen begann, „die Evaluation hat auch etwas Gutes. Ich jedenfalls kann wunderbar darauf pfeifen.“

Abschied vom kleinen Prinzen

„Und warum bist du noch einmal zurückgekommen?“, fragte ich den kleinen Prinzen.
Der schaute mich nachdenklich an. „Weil ich etwas hier vergessen habe“, sagte er leise.
„Und was ist das?“, wollte ich wissen. „Ich geh gerne mit dir in das Fundbüro, um nachzuschauen. Vielleicht ist es dort abgegeben worden.“
Er schüttelte leicht seinen Kopf. „Das glaube ich nicht. Ein Zauberlied gibt man nicht im Fundbüro ab. Ich fürchte, es ist verklungen wie ein Lied.“
„Verklungen?“
„Ja“, sagte er, „schau dir doch die Menschen an, wie traurig die meisten dreinschauen. Ich glaube, sie alle haben verlernt, dieses Lied zu singen.“
„Jetzt sag schon“, bohrte ich nach, „was ist das denn für ein Zauber, den die Menschen vergessen haben?“

„Kennst du nicht das schöne Gedicht: ‚Schläft ein Lied in allen Dingen, die da träumen fort und fort. Und die Welt hebt an zu singen, triffst du nur das Zauberwort‘?“ Ich dachte nach. „Ja, ja ich glaube, es ist von dem Dichter Eichendorff.“
„Richtig“, sagte der kleine Prinz. „Ich suche das Lied, damit die Menschen wieder mehr mitsingen, wenn sie erfahren, dass die Welt voller Lieder ist, die man nur aufwecken muss. Vielleicht ist die Welt auch zu laut geworden, sodass man die Lieder nicht mehr vernimmt, die in allen Dingen zu hören wären.“
„Wie sollen denn Lieder in Dingen zu hören sein?“, fragte ich. „Kannst du mir ein Beispiel dafür nennen?“
„Hm“, meinte er. „Es gibt so viele Dinge, zum Beispiel ein Baum.“
„Ein Baum?“, fragte ich.
„Ja, ein Baum hat viele Lieder. Es ist der Baum am Brunnen vor dem Tore, der Tannenbaum zur Weihnachtszeit, der lustige Birnbaum in der grünen Au, oder der Birnbaum, der bei

Ribbeck von Ribbeck im Havelland im Garten stand. Und dann gibt es auch noch das Wasser, die Flüsse wie den Rhein, die Donau, die Moldau. Viele Meere, Flüsse und Seen sind zu Liedern geworden. Aber auch die Quelle oder der Bach. Dinge können zu Gedichten, Geschichten und Liedern werden, wenn wir sie mit dem Herzen betrachten."

„Ich weiß", sagte ich, „man sieht nur mit dem Herzen gut."

„Richtig", sagte der kleine Prinz, „ich sehe, du hast dir das gemerkt. Aber es gibt noch einen anderen wichtigen Satz: Alles wird schön, was wir mit den Augen der Liebe betrachten."

„Alles wird schön, was wir mit den Augen der Liebe betrachten", wiederholte ich. „Aber wie soll das gehen?"

„Du musst dir Zeit für die Dinge nehmen", sagte er. „Denke dran, wie ich den Fuchs gezähmt habe. Und überlege, dass jeder und alles etwas Besonders und Einzigartiges ist. Auch du bist natürlich einzigartig. Deswegen ist es schön, dass ich dir begegnet bin. Das Wichtigste im Leben sind Begegnungen und das, was wir daraus machen. Begegnungen werden uns geschenkt wie so vieles im Leben.“

„Aber Begegnungen haben immer auch etwas Trauriges“, meinte ich, „weil sie ja mit einem Abschied enden.“

„Du hast recht“, entgegnete der kleine Prinz, „aber gerade der Abschied macht ja auch den Augenblick so wertvoll.“

„Der Abschied macht den Augenblick wertvoll“, wiederholte ich. „Und im Abschied lernt man den Wert des anderen wohl erst richtig kennen. Kennst du die schönen Zeilen von Carossa: ‚Was einer ist, was einer war, beim Abschied wird es offenbar. Wir hören nicht, wenn Gottes Weise summt. Wir schaudern erst, wenn sie verstummt‘?“

„Das werde ich mir gut merken. Doch nun werde ich dich verlassen“, sagte der kleine Prinz. „Aber ich lasse dir ein Geschenk zurück. Es ist etwas ganz Lebendiges. Du musst alles Mögliche tun, um es am Leben zu halten. Ich schenke dir mein Lächeln. Lächeln kann eine Geste, ein Wort, ein Lied sein. Versprich mir, dass du es ein paar Mal am Tag weitergibst. Du gibst damit dich und auch mich weiter. Ein Lächeln ist ein Lied, das sich schnell fortpflanzt. Man wird davon angesteckt und kann damit anstecken. Aber es ist eine gesunde Ansteckung. Weißt du, ich habe einen Traum. Wir könnten die Erde verändern, wenn wir immer mehr Menschen mit dem Lächeln anstecken würden. Das Lächeln ist die beste und schnellste Verbindung zwischen den Menschen. Wenn ich jetzt auf meiner Reise irgendwo-

hin komme und sehe jemanden, der lächelt, werde ich glauben, dass du ihn mit deinem Lächeln angesteckt hast, und ich werde an dich denken. Das Lächeln kostet nichts und du wirst sehen, es beflügelt dich und andere."

„Danke", sagte ich, „ich will es noch heute versuchen, auch wenn es mir schwerfällt, wenn du jetzt von mir gehst."

„Ich schenke dir noch ein Lied, das du immer bei dir behalten wirst", sagte der kleine Prinz. Und dann begann er zu singen:

„Schick ein Lächeln auf die Reise.
Schick es in die Welt.
Wie ein Zauberwort wirkt es,
weil es froh macht und erhellt.
Schick ein Lächeln auf die Reise,
steck mit Freude an.
Und du wirst es sehn –
es ist wunderschön –,
wie man lächelnd zaubern kann."

Und schon war der kleine Prinz verschwunden. Tut mir den Gefallen und probiert, wo es geht, diesen Zaubertrick des kleinen Prinzen aus! Ich werde gut darauf achten, wenn ich Menschen begegne, die mich anlächeln. Vielleicht haben auch sie den kleinen Prinzen gesehen.